SCHIRMER'S LIBRARY
OF MUSICAL CLASSICS

GABRIEL FAURÉ

Twenty-Five
Selected Songs

English Translations by
MARION FARQUHAR

T0053152

FOR HIGH VOICE
Library Vol. 1713

FOR LOW VOICE
Library Vol. 1714

ISBN 978-0-7935-4868-2

G. SCHIRMER, Inc.

DISTRIBUTED BY

HAL•LEONARD®
CORPORATION
7777 W. BLUEMOUND RD. P.O. BOX 13819 MILWAUKEE, WI 53213

C O N T E N T S

41394
41395

Dans les Ruines d'une Abbaye
In the Ruins of an Abbey

Victor Hugo
English words by Marion Farquhar

Gabriel Fauré, Op. 2, No. 1

4

Ja - dis plei - nes de fronts blancs, de cœurs som - bres. On est tout frais
Sad-dened once by fa - ces staid, hearts sol - emn. New-ly mat - ed,

ma - ri - és, On s'en-voi - e, les char-mants cris va - ri - és
how they prize one an-oth - er, Gai - ly trad-ing joy-ous cries

De la joi - e! frais éch-os mé - lés au vent, qui fris-son-
with each oth - er! Ech-oes min-gle on the air, light - ly danc-

- ne, Gaî - té que le noir cou-vent as - sai-son - - ne,
- ing, Bright de-sign, the dark-ness there is en-hanc - - ing.

Seuls, tous deux, ra - vis, chan-tants, comme on s'ai - me,
Both en-tranced, the two, a - lone, sing of love;

Comme on cueil - le le prin-temps que Dieu sè - me, Quels
Tak - ing spring that God has sown from a - bove; What

cre - scen - do

ri - res é - tin - ce-lants dans ces om - bres,
laugh - ter now in - vades the shade of the col - umn,

dim. *p*

Ja - dis plei - nes de fronts blancs, de cœurs som - bres,
Sad - dened once by fa - ces staid, hearts sol - emn.

On ef-feuil - le des jas-mins sur la pier - - re,
Pluck - ing star - ry jas - min flow'rs, sweet and rare, _____

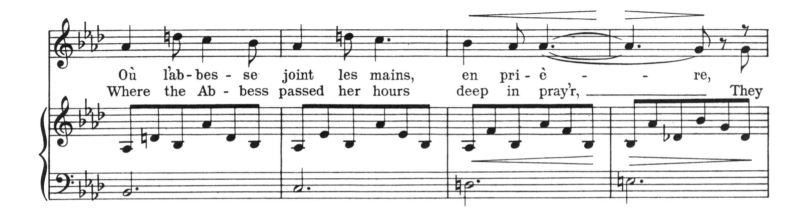

Où l'ab-bes - se joint les mains, en pri-è - - re,
Where the Ab - bess passed her hours deep in pray'r, _____ They

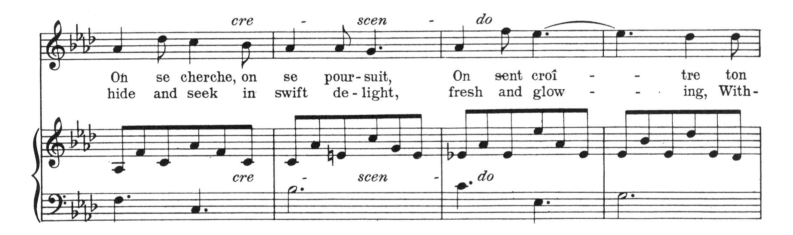

cre - scen - do

On se cherche, on se pour-suit, On sent croî - - tre ton
hide and seek in swift de - light, fresh and glow - - ing, With-

cre - scen - do

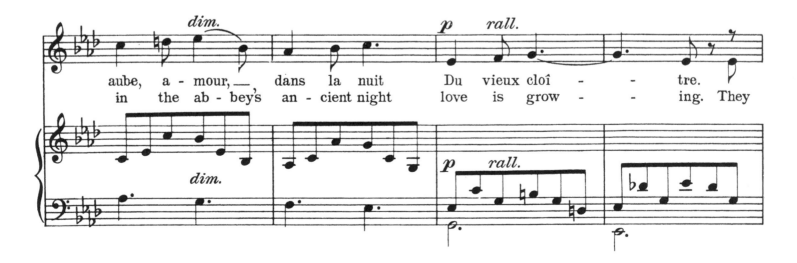

dim.   *p rall.*

aube, a - mour, ___ dans la nuit Du vieux cloî - - tre.
in the ab - bey's an - cient night love is grow - - ing. They

dim.   *p rall.*

On s'en va se bec-que-tant, on s'a-do - - re,
bill and coo, a - gain, a - gain, they a - dore, _____

On s'em-brasse à chaque in-stant, puis en-co - - re,
Ev - 'ry in - stant kiss and then, kiss once more; _____

Sous les pi - liers, les ar-ceaux, et les mar - bres; C'est l'his-toi - re
Through ar-cades, be-neath the vault and the frieze; _____ 'Tis the sto - ry

des oi-seaux dans les ar - - - bres.
of the birds in the trees. _____

à Madame Pauline Viardot

La Chanson du Pêcheur
The Song of the Fisherman
(Lament)

Théophile Gautier
English words by Marion Farquhar

Gabriel Fauré, Op. 4, No. 1

L'an - ge qui l'em-me-na Ne vou - lut pas me pren - dre. Que mon sort
None thought of tak-ing me; None would an-swer my plead - ing. O how hard

est a - mer! Ah! sans a-mour, sans a - mour,___
fate can be! Left with-out love, with - out love,___

___ S'en al - ler sur la mer!
___ I must sail out to sea!

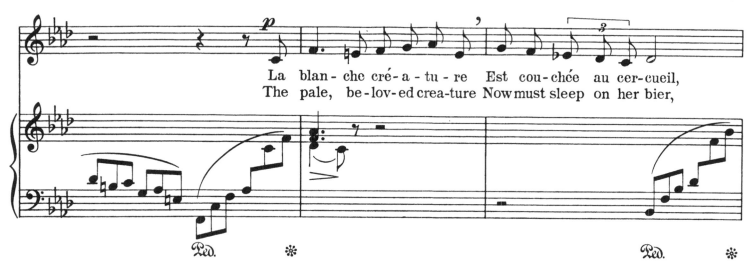

La blan - che cré-a-tu-re Est cou-chée au cer-cueil,
The pale, be-lov-ed crea-ture Now must sleep on her bier,

Com - me dans la na - tu - re Tout me pa - raît en deuil! La co - lombe ou - bli - é - e
And, as it is in na - ture, All is des - o - late here! The dove, de - vot - ed and true,

Pleure et songe à l'ab - sent, _____ Mon â - me pleure et sent
Mourns the one that is gone, _____ My soul is half a soul,

Qu'elle est dé - pa - reil - lée! _____ Que mon sort
Sad and bro - ken in two! _____ O how hard

est a - mer! Ah! sans a - mour,
fate can be! Left with - out love,

et com-bien je l'ai-mais,
O so pre-cious to me!

Je n'ai - me - rai ja-mais
I'll love no oth - er love

U - ne femme au-tant qu'el - le! Que mon sort est a - mer!
As I loved my trea - sure! O how hard fate can be!

Ah! sans a-mour, sans a - mour, _____ S'en al - ler
Left with - out love, with - out love, _____ I must sail

sur la mer!
out to sea!

à Madame Marie Trélat

Lydia

Leconte de Lisle
English words by Marion Farquhar

Gabriel Fauré, Op. 4, No. 2

Le jour qui lui est le meil-leur, Ou-bli-ons l'é-ter-nel-le tom - be,
This day is bright with no e-clipse, Soon the tomb brings e-ter-nal slum - ber,

Lais-se tes bai-sers, tes bais-sers de_ co-lom - be Chan-ter sur ta lèvre en fleur,
Then like the dove, let your kiss-es with-out num - ber, Sing_ on your bloom-ing lips,

sur ta lèvre en fleur.
on your bloom - ing lips.

Un lys ca-ché ré-
A hid-den flow'r with-

pand sans ces - se Une o-deur di-vine en ton sein;
out ces-sa - tion Breathes the sweet per-fume of your heart;

Les dé-li - ces comme un es-saim Sor-tent de toi, jeu-ne dé-es - se.
All de-lights from your be-ing start, Young de-i-ty, all fas-ci-na - tion! I

cresc.

Je t'aime et meurs, ô mes a-mours, Mon âme en bai-sers m'est ra-vi - e!
love you and die, O joy and pain, I die and your kiss-es yet en-thrall me!

dolce   *riten.*   *p*

O Ly-di-a, rends-moi la vi - e, Que je puis-se mou-rir, mou-rir tou-
O Ly-di-a, to life re-call me, That in liv-ing I may die, and die a-

jours!
gain!
a tempo

à Madame Marguerite Baugnies

Après un Rêve
After a Dream

Romain Bussine
English words by Marion Farquhar

Gabriel Fauré, Op. 7, No. 1

Dans un som - meil___ que char-mait ton i -
Deep in a dream___ that I long to re-

ma - ge   Je ré-vais le bon-heur ar-dent mi-ra -
cap - ture, Mag-ic sleep of de - light, mi-rage of rap -

ge,   Tes yeux é-taient plus doux,___ ta voix pure et so-no - re,
ture,   Your eyes appeared more soft ___ and your voice more en-thrall - ing,

Tu ray - on - nais comme un ciel _____ é - clai - ré par l'au-
Ros - y _____ you glowed, like a sky _____ when Au - ro - ra is

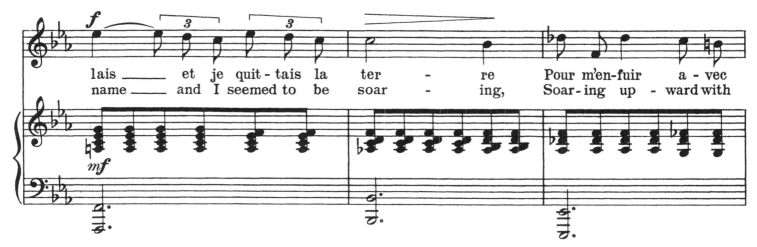

ro - re; Tu m'ap - pe -
call - ing. You spoke my

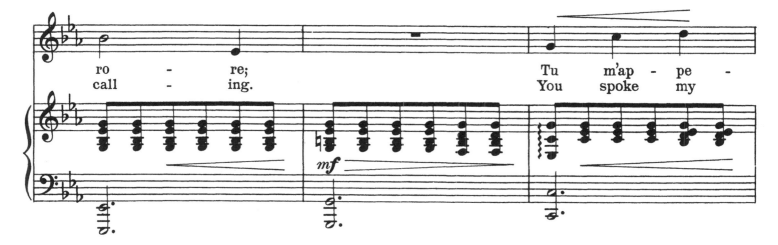

lais _____ et je quit - tais la ter - re, Pour m'en - fuir a - vec
name _____ and I seemed to be soar - ing, Soar - ing up - ward with

toi vers la lu - miè - - re,
you, the light ex - plor - - ing,

Les cieux___ pour ___ nous en-tr'ouvraient leurs nu - es, splen -
Soft clouds___ for ___ us with - drew___ their veil - ing, Strange

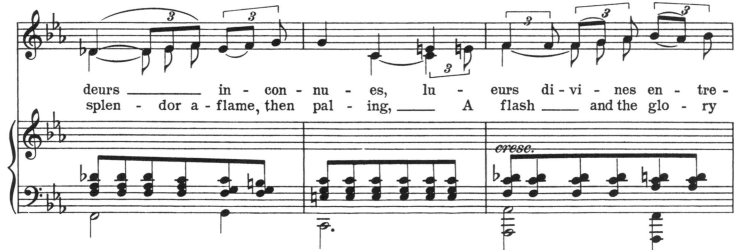

deurs _____ in - con - nu - es, lu - eurs di - vi - nes en - tre -
splen - dor a - flame, then pal - ing,___ A flash ___ and the glo - ry

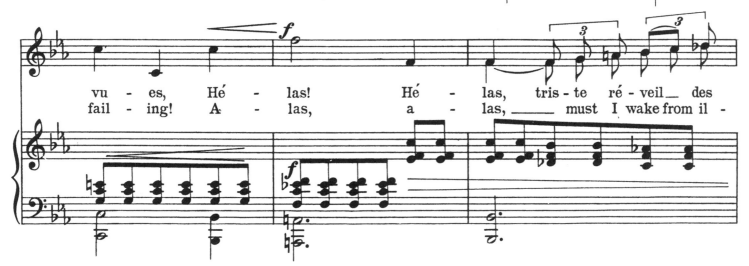

vu - es, Hé - las! Hé - las, tris - te ré - veil__ des
fail - ing! A - las, a - las,___ must I wake from il -

son - ges, Je t'ap - pel - le, ô
lu - sion! Give me back, O

nuit, _____ rends-moi tes men - son - - ges, Re -
night, _____ all your lies and de - lu - - sion, Re -

viens, re - viens ra - di - eu - -
turn, re - turn ra - diant seem - -

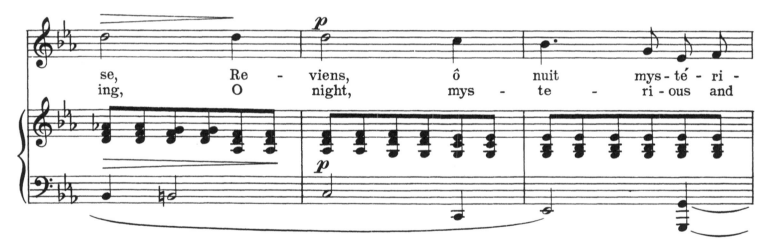

se, Re - viens, ô nuit mys-té - ri -
ing, O night, mys - te - ri - ous and

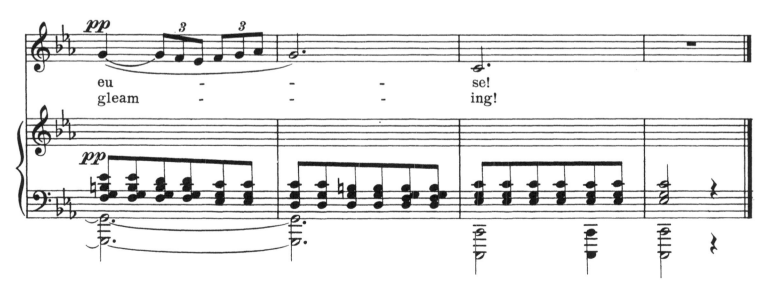

eu - - - se!
gleam - - - ing!

à *Madame Claudie Chamerot*

Au Bord de l'Eau
At the Water's Edge

Sully Prudhomme
English words by Marion Farquhar

Gabriel Fauré, Op. 8, No. 1

ser, A l'ho - ri - zon s'il fume un toit de chau - me,
blow, If far off thatch on a cot-tage is fum - ing,

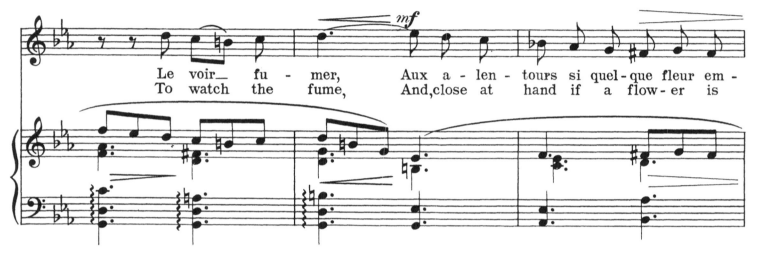

Le voir fu - mer, Aux a - len - tours si quel - que fleur em -
To watch the fume, And, close at hand if a flow - er is

bau - me, S'en em - bau - mer, En - tendre au
bloom - ing, To breath the bloom, When through the

pied du saule où l'eau mur - mu - re, L'eau mur - mu - rer, Ne pas sen -
wil - low roots, wa - ter is sigh - ing, To hear it sigh, And not to

tir tant que ce rê - ve du - re,＿＿＿＿＿ Le temps du -
feel, while this dream is un - dy - ing, ＿＿＿＿ That time will

rer, Mais n'ap - por - tant de pas - si - on pro - fon - de,＿
die, But with no pas-sion-ate pre - oc - cu - pa - tion,＿

Qu'à s'a - do - rer, Sans nul sou - ci des que - rel - les du mon - de,＿
Ex-cept to a - dore, And with no care for the world's ir - ri - ta - tion,

Les i - gno - rer; Et seuls tous deux de-vant tout ce qui las - se＿
Ex-cept to ig - nore; To watch, we two, be-fore all that is wea - ry - ing,

Sans se las - ser, Sen-tir l'a - mour, de-vant tout ce qui
Wea - ri - ness pass, And feel that love, be-fore all that is

pas - se, Ne point pas - ser, ___
pass - ing, Will nev - er pass, ___

Sen-tir l'a - mour, de-vant tout ce qui pas - se, ___
And feel that love, be-fore all that is pass - ing, ___

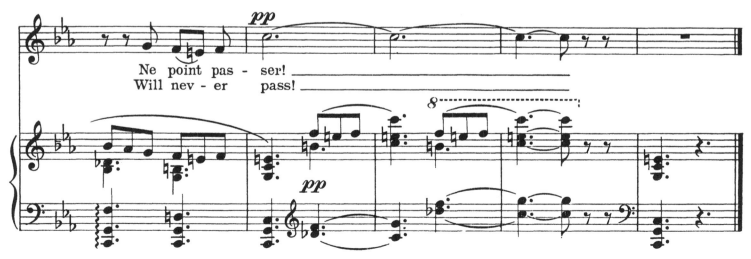

Ne point pas - ser! ___
Will nev - er pass! ___

à Madame Camille Saint-Saëns

Nell

Leconte de Lisle
English words by Marion Farquhar

Gabriel Fauré, Op. 18, No. 1

pe do - ré - e: Mon coeur à ta rose est pa -
gold-en fire:_____ My heart and your rose are as

reil._____ Sous le mol a - bri de la
one._____ From the ver-dant shade of a

feuil - le om-breu - - se Mon - te un sou-pir de vo - lup-
leaf - y o - - cean Mounts a vo-lup-tuous sigh of

té:_____ Plus__ d'un ra - mier chan-te au bois
love:_____ And the mat - ing dove sings to the

é - car - té,   O mon coeur,   sa plain - te a - mou-
woods a - bove,   O my heart,   its plaint of de-

reu - - - - - se.
vo - - - - - tion.

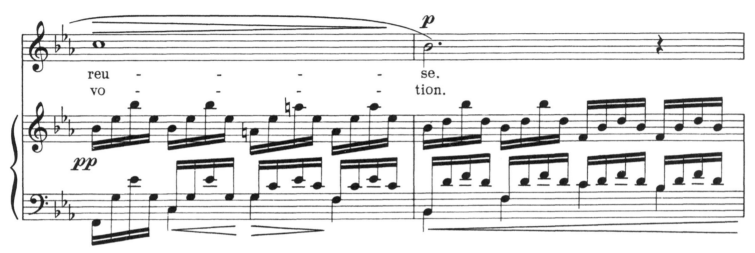

Que ta perle est dou - ce au ciel en - flammé,
O how sweet the light of the sky a-blaze,

E - toi - le de la nuit pen - si - ve!_____ Mais com-
The stars of pen-sive night a - clus - ter!_____ But how

bien plus dou - - ce est la clar - té vi - ve Qui ray-
sweet - er far is the liv - ing lus - ter That il -

cre - scen - do *sempre*

on - ne en mon cœur,_____ en mon cœur__ char -
lu - mines my heart,_____ my whole heart with its

poco cresc.

f

mé!_____
rays!_____

mf   *pp*

dolce

La chan-tan - te mer, le long du ri - va - ge, Tai -
All the sing - ing seas will re - nounce their va - grance, And

dolciss.

ra son mur-mu - re é - ter - nel, A - vant
hush the re - frain of their swell, Long be -

qu'en mon cœur, chè-re a - mour, ô Nell, Ne fleu -
fore my heart, dear-est love, O Nell, Shall have

ris - se plus ton i - ma - ge! Ne fleu-ris - se plus ton i -
ceased to bloom with your fra - grance! Shall have ceased to bloom with your

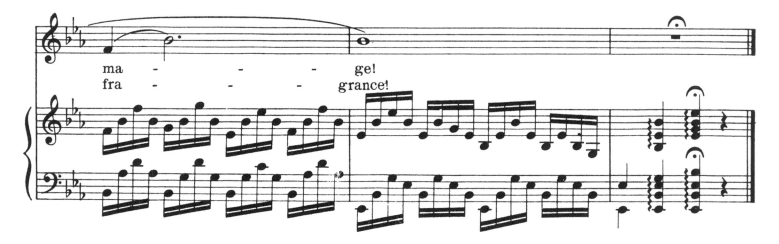

ma - - - ge!
fra - - - grance!

à Madame la Comtesse de Gauville

Rencontre
Meeting

Charles Grandmougin
English words by Marion Farquhar

Gabriel Fauré
Op. 21 (Poëme d'un Jour, No. 1)

O dis-moi, se - rais - tu la fem-me i - nes - pé -
Tell me then, could you be the one no long - er

ré - e, Et le rêve i - dé - al pour-sui -
hoped for, And the i - de - al dream I have

vi vai - ne - ment? O, pas - sante aux doux
sought all in vain? O, gen - tle pass - er -

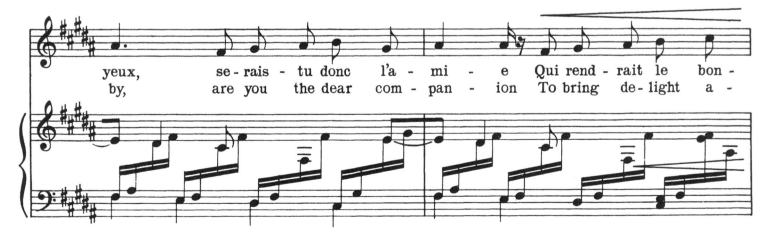

yeux, se - rais - tu donc l'a - mi - e Qui rend - rait le bon -
by, are you the dear com - pan - ion To bring de - light a -

heur au po-è-te i-so-lé, Et vas-tu ray-on-
gain to a po-et a-part, And will your spir-it

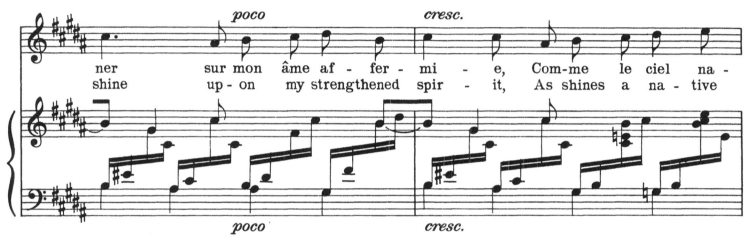

ner sur mon âme af - fer - mi - e, Com-me le ciel na -
shine up-on my strengthened spir - it, As shines a na - tive

tal _____ sur un cœur d'ex - i -
sky _____ on a long ex - iled

lé? Ta tris - tes - se sau -
heart? All your sad - ness like

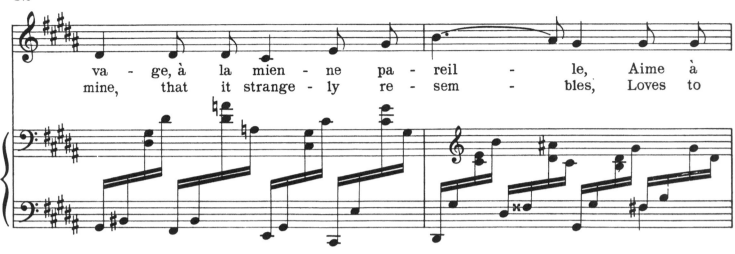

va - ge, à la mien - ne pa - reil - le, Aime à
mine, that it strange - ly re - sem - bles, Loves to

voir le so - leil dé - cli - ner sur la mer!
watch as the day gives way to pen - sive night,

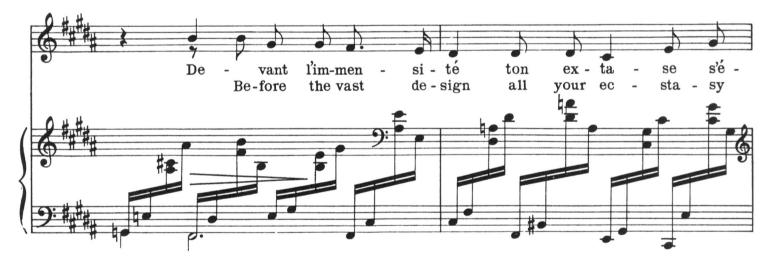

De - vant l'im-men - si - té ton ex - ta - se s'é -
Be-fore the vast de - sign all your ec - sta - sy

veil - le, Et le char - me des soirs à ta belle âme est
wak - ens, And the charm of the eve - ning brings your soul de -

à Madame la Comtesse de Gauville

Toujours
Forever

Charles Grandmougin
English words by Marion Farquhar

Gabriel Fauré
Op. 21 (Poëme d'un Jour, No. 2)

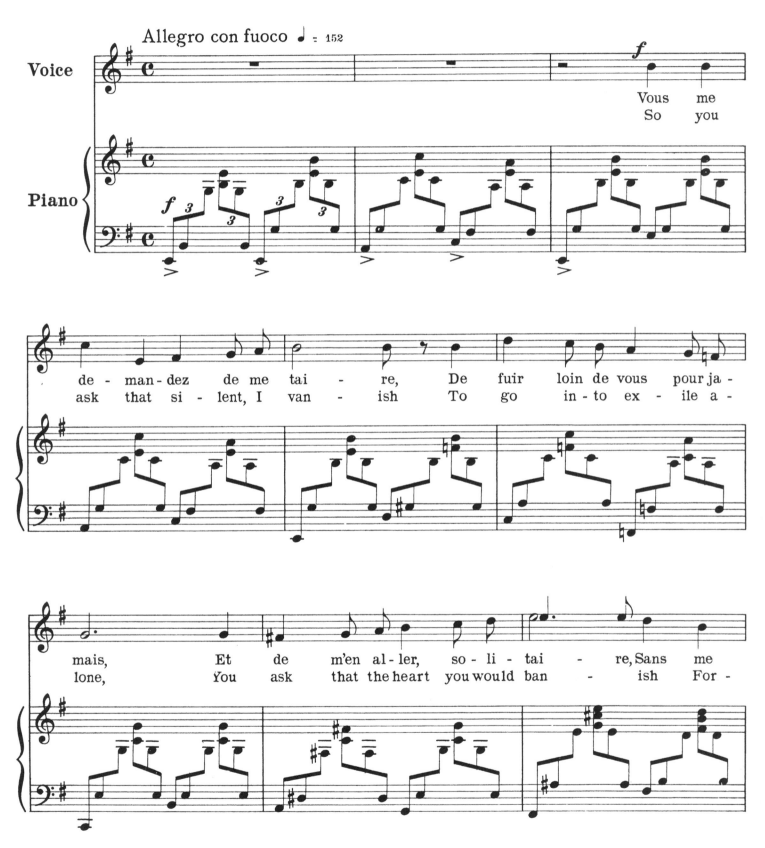

Vous me de-man-dez de me tai - re, De fuir loin de vous pour ja-
So you ask that si - lent, I van - ish To go in-to ex - ile a-

mais, Et de m'en al - ler, so - li - tai - re, Sans me
lone, You ask that the heart you would ban - ish For-

rap - pe - ler   qui j'ai - mais!_____   De-man - dez   plu - tôt   aux é -
get   the love   it has   known?_____   Bet-ter   far   de - mand   of the

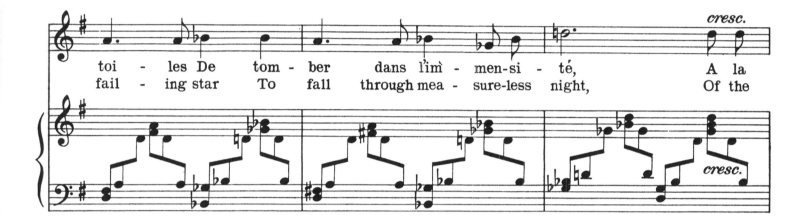

toi - les De tom - ber   dans l'im - men-si - té,   A la
fail - ing star To   fall   through mea - sure-less   night,   Of the

nuit   de per - dre ses   voi - les, Au   jour de   per - dre sa   clar -
night   to part   with its   veil - ing, or,   Of the   day   to part   with

té,_____   De-man - dez   à   la   mer   im - men - se De des-sé -
light!_____   Or de - mand   of the flood - ing   o - cean tide,   To be

cher ses vas - tes___ flots,   Et, quand les
dried a - way to the crest,   Ask that the

vents sont en dé - men - - ce,
winds re - nounce their mo - - tion,

D'a - pai - ser ses som - bres san - glots!_____
Bid them end their sob - bing and rest!_____

_____ Mais n'es - pé - rez pas que mon â - me S'ar -
_____ But hope not my soul, in this fash - ion, Will

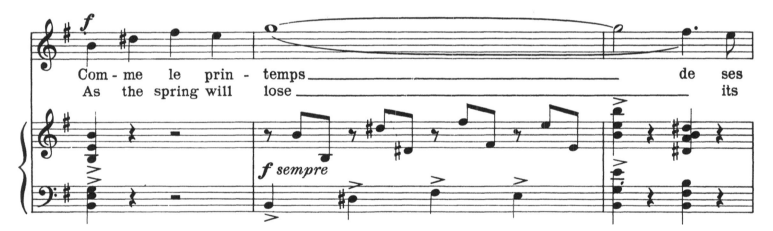

à Madame la Comtesse de Gauville

Adieu

Charles Grandmougin
English words by Marion Farquhar

Gabriel Fauré
Op. 21 (Poëme d'un Jour, No. 3)

Com - me tout meurt vi - te, la ro - se Dé - clo - se,
All things die so quick - ly, the flow - er In show - er,

Et les frais manteaux di - a - prés Des prés; Les longs sou-pirs, les
And the glow-ing rose that the spring Will bring, Long drawn-out sighs, the

bien - ai - mé - es, Fu - mé - es!
love we cher - ish, Will per - ish!

vous   l'on se croy - ait fi - dè - le,   Cru - el - le,
you,   one nev - er thought to leave you,   De-ceive you,

cresc.

Mais hé - las! les plus longs a - mours   Sont courts!   Et je dis   en quit-tant vos
But it seems, long-est loves, a - las!   Soon pass!   And I say, from your beau-ty

dolce   *pp*

char - mes, Sans lar - mes,   Presqu'au mo - ment de mon a - veu,   A -
turn - ing, Un-yearn-ing,   Al-most when vow-ing I'll be true,   A -

pp sempre

dieu! _____
dieu! _____

à Mademoiselle Alice Boissonnet

Les Berceaux
The Cradles

Sully Prudhomme
English words by Marion Farquhar

Gabriel Fauré, Op. 23, No. 1

Le long du quai les grands vais-seaux,
Far down the quay the ves - sels lie,

Que la hou-le in-cli - ne en si - len - - ce, Ne
On the tide so si - lent-ly swing - - ing; As

pren - nent pas gar - - de aux ber-ceaux,
yet un-a-ware of cra - dles there,

Que la main des fem - mes ba - lan - ce.
Rock-ing to the rhy - thm of sing - ing.

cre - scen - - do poco a

Mais vien - dra le jour des a - dieux,
But there comes the day of good-bye,

cre - scen - - do poco a

poco

Car il faut que les fem - mes pleu - - rent,
For, they say, wo - men must be cry - - ing,

poco

cresc. molto

Et que les hom - - mes cu - ri - eux
And men must go, rest - less to know,

cresc. molto

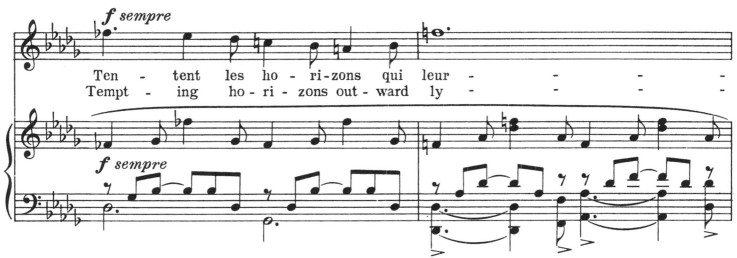

Ten - tent les ho - ri - zons qui leur - - - - - -
Tempt - ing ho - ri - zons out - ward ly - - - -

rent!_____ Et ce jour-là_____ les
ing!_____ And as the ships_____ all

grands_____ vais-seaux, Fuy - ant le port qui di - mi -
sail_____ a - long, Leav - ing the port, so quick - ly

nu - e, Sen - tent leur mas - se re - te - nu - e
pal - ing, Strange - ly, their mass seems to be trail - ing,

Par l'â - me des loin -
Held back now, by the

tains_____ ber - ceaux,
cra - dle song,

Par
Held

l'â - me des loin - tains_____ ber -
back now, by the cra - dle

ceaux._____
song._____

à Madame A. Castillon

Notre amour
Our love

Armand Silvestre
English words by Marion Farquhar

Gabriel Fauré, Op. 23, No. 2

mour est cho - se lé - gè - - re!_____
love is some - thing e - lu - - sive!_____

sempre leggero e legato

Notre a-mour est cho - se char-man - te,   Com-me les chan-sons   du ma-tin,   Où
Our_ love is some-thing en-chant-ing,   Like a song on fresh morn-ing wind,   With-

nul re-gret ne se la-men - te,   Où vibre un es-poir in-cer-tain;   Notre a-
out re-gret or lam-en-ta - tion,   A - live with hope yet un-de-fined;   Our_

mour est cho - se char-man - - te!
love is some - thing en-chant - - ing!

47

Notre a-mour est cho - se sa-cré - e, Com-me les mys-tè - res des bois, Où tres-
Our love is some-thing most sa - cred, Like the for - est mys - ter-ies stirred By a

saille une âme i-gno-ré - e, Où les si-len-ces ont des voix; Notre a -
thrill-ing and un-known spir-it, Whose ev-'ry si-lence can be heard; Our

mour est cho - se sa-cré - - e! _____
love is some - thing most sa - - cred! _____

Notre a-mour est cho-se in-fi - ni - e, Com-me les che-mins des cou-chants,
Our love is some-thing un-bound-ed, Like the set-ting sun's dis-tant way,

Où la mer, aux cieux ré-u-ni - e, S'en-dort sous les so-leils pen-chants;
Where the sea and the sky u-nit-ing, Slum-ber be-neath its gold-en ray;

cre - scen - do

Notre a-mour est cho-se é-ter-nel - le,
Our love is some-thing im-mor-tal,

cre - scen - do

sem - - pre

Com - me tout ce qu'un dieu vain-queur A tou - ché du feu de son ai - le,
Like ev-'ry-thing the gods im-part With a touch of their wings en-flam - ing,

sem - - pre

cresc.

Com - me tout ce qui vient du cœur;___ Notre a-mour,___
Like all that flows from out the heart;___ Our love,___

cresc.

notre a - mour _____ est cho - se é - ter -
our_ love _____ is some - thing im -

nel - - - - - le, est_ cho - se é - ter -
mor - - - - - tal, is_ some - thing im -

nel - - - - - le! _____
mor - - - - - tal! _____

à Mademoiselle Alice Boissonnet

Le Secret
The Secret

Armand Silvestre
English words by Marion Farquhar

Gabriel Fauré, Op. 23, No. 3

Je veux que le jour le pro-
I wish that the day would pro-

cla - me L'a - mour qu'au ma - tin j'ai ca - ché, Et sur mon
claim it, The love that at dawn I'd con - ceal, O - ver my

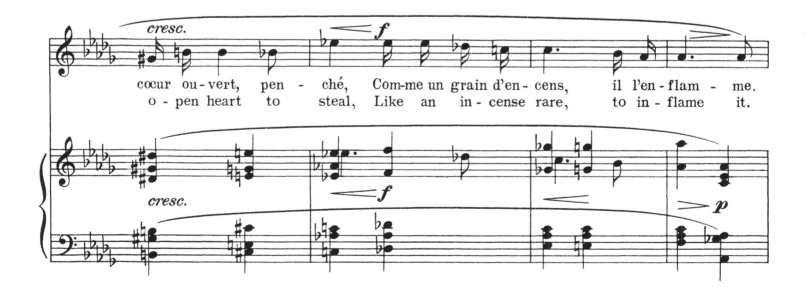

cœur ou - vert, pen - ché, Com - me un grain d'en - cens, il l'en - flam - me.
o - pen heart to steal, Like an in - cense rare, to in - flame it.

Je veux que le cou-chant l'ou-bli - e Le se-
I wish the twi-light would ef - face it, The

cret que j'ai dit au jour, Et l'em - por - te a-vec mon a - mour, Aux
se - cret I told the day, With my love to fold it a - way, And

plis de sa ro - be pâ - li - e!_____
in its pale gar - ment em - brace it!_____

pp al fine

Ped.   ✻

à Madame Edmond Fuchs

La Fée aux Chansons
The Fairy of the Songs

Armand Silvestre
English words by Marion Farquhar

Gabriel Fauré, Op. 27, No. 2

s'y lais - ser sur - pren - - - - dre   En A -
nev - er can be cap - - - - tured   As en -

vril, pour ap - prendre Aux oi - seaux leurs chan - sons.
rap - tured, She teach - es the birds how to sing.

Lors-que geais et li - not - tes Fai - saient des faus-ses
If a jay or a lin - net Is care-less for a

no - tes En ré - ci - tant leur chants,
min - ute, The fault is quick-ly heard,

La Fée, a - vec cons - tan - - - - ce,
And then, her rule up - hold - - - - ing,

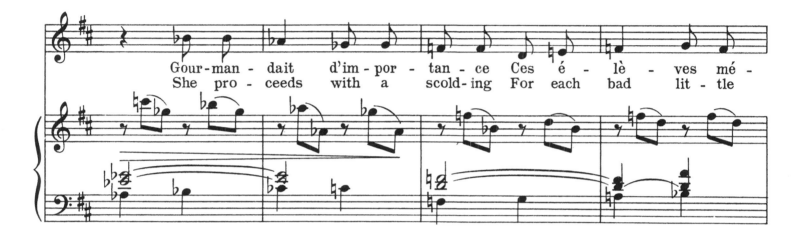

Gour - man - dait d'im - por - tan - ce Ces é - lè - ves mé -
She pro - ceeds with a scold - ing For each bad lit - tle

chants._____ Sa pe - ti - te main
bird._____ She con - trols all her

nu - - - e, D'un brin d'her - be me -
class - - - es With a blade of the

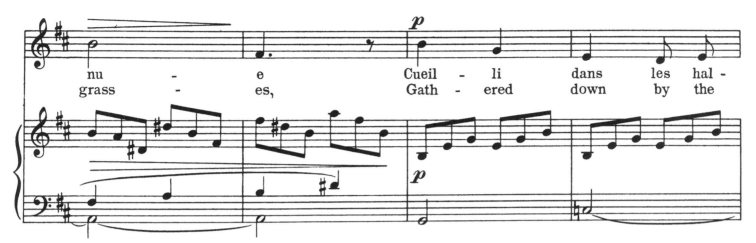

nu - e Cueil - li dans les hal -
grass - es, Gath - ered down by the

liers, Pour sti - mu - ler leurs zè - les,
spring; And stim - u - lates their ar - dor,

Fou - et - tait sur leurs ai - les Ces mau - vais é - co -
Driv - ing them hard - er As she beats the time on a

liers.
wing.

molto meno mosso

Par un ma - tin d'au - tom - - ne, El - le vient et s'é -
But on a day ap - pall - - ing, When the leaves all are

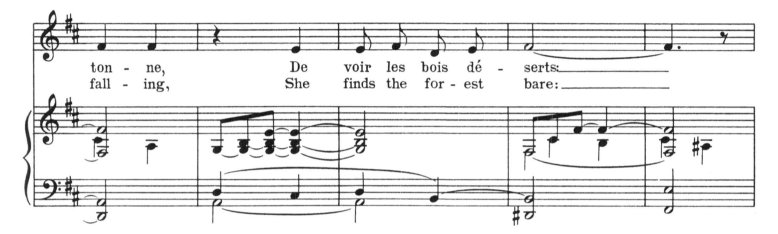

ton - ne, De voir les bois dé - serts:_____
fall - ing, She finds the for - est bare:_____

Tempo I°

A - vec les hi - ron - del - -
Her friends, chill - y heart - -

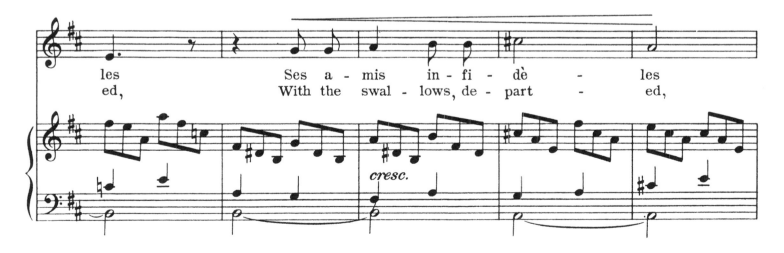

les Ses a - mis in - fi - dè - les
ed, With the swal - lows, de - part - ed,

cresc.

A - vaient fui ____ dans les airs. ____
Far a - way ____ through the air. ____

Et tout l'hi - ver la Fé - e, D'her - be
All win - ter long, a - wea - ry, With her

mor - te coif - fé - e, Et comp - tant les ins - tants
wreath dead and drear - y. Too mourn - ful to sing,

Sous les fo - rêts im - men - ses,
Gaz - ing at bleak ex - pan - ses,

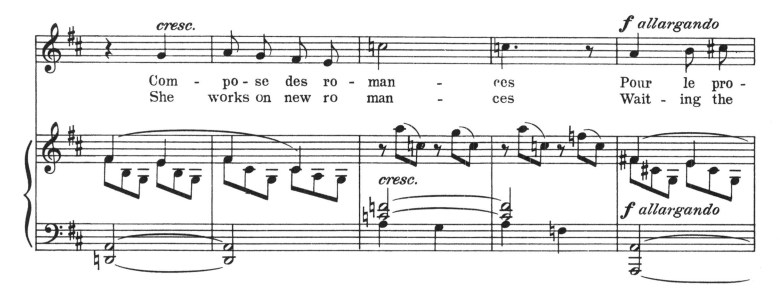

Com - po - se des ro - man - ces
She works on new ro man - ces

Pour le pro -
Wait - ing the

chain Prin - temps!
call of Spring!

à Madame H. Roger-Jourdain

Aurore
Aurora

Armand Silvestre
English words by Marion Farquhar

Gabriel Fauré, Op. 39, No. 1

Des jar-dins de la nuit s'en-vo-lent les é-toi-les, A-beil-les d'or qu'at-tire un in-vi-si-ble miel,— Et l'au-be, au loin, ten-dant la can-deur de ses

From the gar-den of night the stars are swift-ly leav-ing, Like gold-en bees to hid-den hon-ey drawn in flight,— And dawn, far off, a veil of pale a-zure is

toi - les, tra - me de fils d'ar - gent le man-teau bleu du
weav - ing, Weav - ing with sil - ver thread the heav-en's man - tle of

ciel.
light.

Du jar - din de mon cœur qu'un rê - ve lent en -
From its gar - den, my heart, now lost in lan - guid

i - vre, S'en - vo - lent mes dé - sirs sur les
dream - ing, Sends forth its warm de - sires on the

pas du ma - tin,_____
beam of the day,_____

cresc.

Com - me un es-saim lé - ger_____ qu'à l'ho - ri - zon de
Forth, like a flut-t'ring swarm_____ to cop-per clouds out -

f espress.

cui - vre, ap - pel - le un chant plain-tif, é - ter -
stream - ing, At - tract - ed by a chant, ev - er

nel et loin - tain._____
clear, far a - way._____

64

à Madame Jules Gouin

Fleur Jetée
Abandoned Flower

Armand Silvestre
English words by Marion Farquhar

Gabriel Fauré, Op. 39, No. 2

cresc.   *f*

Et je - tée en rê - vant!_____ Em - por - te ma fo - li - e, au
In a dream cast a - stray!_____ O take up-on the wind, my

gré_____ du vent._____
fol - ly a - way._____

p

Com - me la fleur fau - ché - e pé -
Love like a bro - ken flow - er will

rit l'a - mour._____ La
droop and die,_____ The

main, qui t'a tou - ché - e fuit ma
hand, once soft on thee, no more ma in

main sans re - tour,_____
mine will _ lie,_____

cresc. molto

Com - me la fleur fau - ché - e pé -
Love like a bro - ken flow - er will

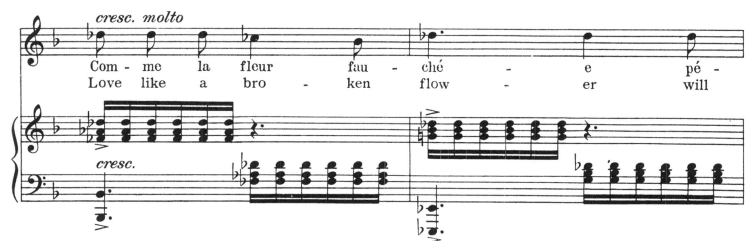

rit l'a - mour._____ La
droop and die,_____ The

main   qui t'a tou - ché - e fuit   ma
hand,   once soft on thee, no more in

main   sans re - tour._____
mine   will_ lie._____

Que le vent__ qui te sè - che, ô pau - vre fleur,
May the wind__ that will dry thee, O flow - er frail,

Tout à l'heu - re si frai - che   Et de - main sans cou -
Yes - ter - day,_ fresh and glow - ing   And to - mor - row so

leur,_____ que le vent__ qui te sè - che, ô_____ pau - vre
pale,_____ May the wind__ that will tear thee, flow - er, a -

fleur,_____ que le vent__ qui te sè - che,
part,_____ As it dries__ all thy pet - als,

sè - - - che mon cœur!_____
with - - - er my heart!_____

à Mademoiselle Louise Collinet

Les Roses d'Ispahan
The Rose of Ispahan

Leconte de Lisle
English words by Marion Farquhar

Gabriel Fauré, Op. 39, No. 4

Les ro - ses d'Is - pa -
The rose of Is - pa -

han dans leur gaî - ne de mous - se, Les jas - mins de Mos-soul, les
han in its sheath-ing of moss - es, Jas-min sweet from Mos-soul, the

fleurs de l'o - ran - ger,
or - ange scent - ed skies,

cresc. poco a poco

Ont un par - fum moins frais, ont u - ne o - deur moins dou - ce,
Have a per - fume less fresh, have a per - fume less fra - grant,

O blan - che Le - ï - lah! que ton souf - fle lé - ger.
O fair - est Le - i - lah! than thy light - est of sighs.

Ta
Thy

lè - vre est de co - rail, et ton ri - re lé - ger Son - ne
lips are cor - al red and thy laugh - ter is light As the

mieux que l'eau vi - ve et d'u - ne voix plus dou - ce.
wa - ter at play___ and sweet-er than its voic - es,

cresc. poco a poco

Mieux que le vent joy - eux qui ber-ce l'o-ran-ger, Mieux que l'oi-seau qui
Sweet - er than joy - ous wind that sways the or-ange tree, Sweet - er than song of

chan - te au bord d'un nid de mous - se.
bird that on her nest re - joic - es.

O Le - ï - lah! de - puis que de leur vol lé - ger___
O Le - i - lah! since when up - on a___ wan-der-ing wing___

sempre dolce

Tous les bai - sers ont fui___ de ta lè - vre si dou - ce___
All kiss - es have flown a - way___ from thy lips soft and va - grant,

Il n'est plus de par - fum dans le pâ - le o - ran - ger, Ni de cé - les - te a -
Gone is all the per - fume of the sweet or-ange tree, All the ce - les - tial

rome aux ro-ses dans leur mous - - se.
spell of ro-ses fair and fra - - grant.

Oh! que ton jeu - ne a - mour, ce pa-pil - lon lé -
Oh! if thy fresh young love, that but-ter-fly so

ger, Re - vien - ne vers mon cœur d'u-ne ai - le prompte et dou - -
frail, Might flut - ter t'ward my heart to ban - ish all my loss - -

cresc. poco a poco

ce. Et qu'il par - fu - me en-cor la fleur de l'o - ran - ger,
es, To per - fume a-gain for me the or - ange-blos-som pale,

poco rit.   *a tempo*

Les ro - ses d'Is - pa-han dans leur gaî - ne de mous - -
The rose of Is - pa-han in its sheath - ing of moss - -

se!
es!

à Madame Leroux-Ribeyre

En Prière
In Prayer

Stéphan Bordèse
English words by Marion Farquhar

Gabriel Fauré

Si Vous m'a-vez choi - si pour en- sei-gner vos lois Sur la
If Thou hast cho - sen me To teach on earth Thy law, Let me

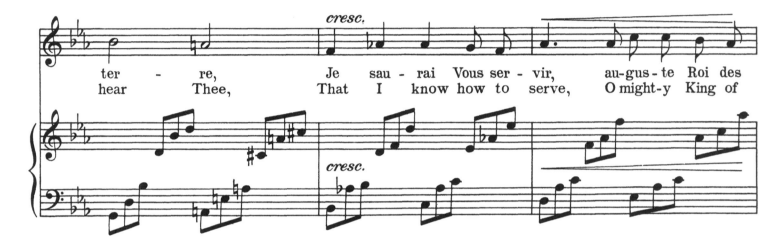

ter - re, Je sau - rai Vous ser - vir, au-gus- te Roi des
hear Thee, That I know how to serve, O might-y King of

rois, O Lu - miè - re!_____ Sur mes lè - vres, Sei -
kings, Let me hear Thee!_____ Through my lips, O Sei -

gneur, met-tez la vé- ri -té Sa -lu- tai - re,
gneur, teach all men how to love And to fear Thee,

Pour que ce - lui qui doute, a - vec hu - mi - li - té Vous ré -
For that all those who doubt, in hum-ble-ness of heart May re -

vè - re! Ne m'a - ban - don - nez pas, don - nez - moi la dou -
vere Thee! A - ban - don not Thy child, but en - dow me with

ceur Né - ces - sai - re, Pour a - pai - ser les
love And with kind - ness, That I may com - fort

maux, sou - la - ger la dou - leur, La mi - sè - -
pain and may heal their de - spair, And their blind - - -

re! Ré - vè-lez Vous à moi, Sei - gneur en qui je
ness! Re - veal Thy-self to me, Since I have faith in

crois Et j'es - pè - re: Pour Vous je veux souf-
Thee, Let me hear Thee: On Cal - va - ry I'll

frir et mou - rir_ sur la croix, Au cal - vai - -
lie, I will die_ on the cross, To draw near_____

re!_____
Thee!_____

Clair de Lune
(Menuet)
Moonlight

Paul Verlaine
English words by Marion Farquhar

Gabriel Fauré, Op. 46, No. 2

Andantino quasi allegretto ♩=78

Vo - tre â - me est un pa - y - sa - ge choi - si,
Your soul is a gar-den, rare and most choice,

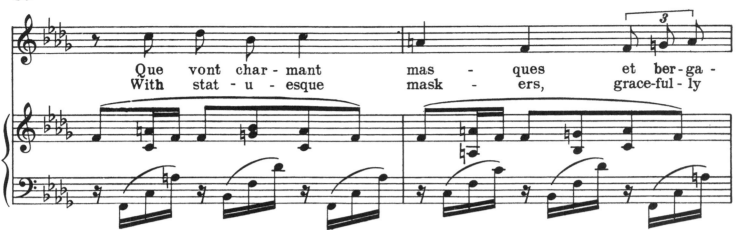

Que vont char - mant mas - ques et ber-ga-
With stat - u - esque mask - ers, grace-ful - ly

mas - ques Jou - ant du luth et dan -
plas - tic, Play - ing the lute as they

sempre cantabile

sant, et qua - si Tris - tes sous leurs dé - gui - se -ments fan -
dance, and sem - i - mourn - ful, Be - neath dis -guis - es all fan -

tas - - ques!
tas - - tic!

p

Tout en chan-tant, sur le mo-de mi-neur,
And as they sing, in a mi-nor re-frain,

L'a-mour vain-queur_____ et la vie op-por-tu - - ne,
Of love su-preme_____ and life most op-por-tune,

Ils n'ont pas l'air de croire à leur bon-
They yet ap - pear to feel their joy is

heur, Et leur chan-son se mêle au clair de
vain, And their re - frain is blend - ed with the

lu - - ne!
moon!

espressivo e dolce

Au cal - - me clair de lu - - ne,
The calm and love-ly moon,_____

tris - - te et beau, Qui fait rê - ver les oi -
sad and white, That charms the birds in the

dolce

seaux dans les ar - - bres,
branch - - es dream - - ing,

Et san-glo-ter d'ex-ta - se les jets d'eau,
Flood - ing the sob-bing foun - tains with de - light,

Les grands jets d'eau svel - tes
Great jets tall and slen - der

par - mi les mar - bres!
through the mar - bles gleam - ing!

Au Cimetière
In a Cemetery

Jean Richepin
English words by Marion Farquhar

Gabriel Fauré, Op. 51, No. 2

dort d'un bon som- meil ver- meil, Sous le ciel ra- di - eux. Tous
sleeps a tran- quil sleep most deep, Un- der ra - diant skies, And

ceux qu'il a con- nus, ve- nus, ___ Lui font de longs a - dieux. A sa
all who loved him dear- ly here, ___ Pro- long the long good- byes. By his

croix les pa - rents, pleu- rants, Res- tent a - ge- nouil - lés,
cross they will stay and pray, Faith- ful through- out the years;

Et ses os, sous les fleurs, de pleurs Sont dou- ce- ment mouil - lés. Cha-
Flow- ers fresh on his tomb will bloom, Still wa- tered by their tears, And

cun, sur le bois noir, Peut voir s'il é - tait jeune ou non,
ev - 'ry one can see If he was young when death___ came,

Et peut, a - vec de vrais re-grets, L'ap-pe - ler par son nom.
And all with true re - gret can yet___ Re - call him by name.

Com - bien plus mal chan-ceux Sont ceux qui meu - rent à la mé,___
A far more cru-el fate Must wait the one who dies at sea,___

Et sous le flot pro-fond S'en vont loin du pa - ys ai - mé!
Dragged down-ward in the flows He goes, so far from love is he!

Ah! pau - vres! qui pour seuls lin - ceuls___ Ont les go - ë - mons
Ah! poor one! who for all his pall___ Finds on - ly sea-weed

verts, Où l'on roule in - con - nu, tout nu,___ Et les yeux grands ou-
there, Where one rolls all a - lone, un - known, With o - pen eyes that

verts! _____
stare! _____

Heu - reux qui meurt i - ci, Ain - si que
How blessed, who rests in peace, Where as the

les oi-seaux des champs! Son corps, près des a - mis, Est mis dans
mea-dow lark, he dies! Near friends, when life shall cease, Laid soft in

simile

l'herbe et dans les chants. Il dort d'un bon som - meil ver-meil,
grass his bod - y lies. He sleeps a tran-quil sleep most deep,

pp sempre

pp sempre

Sous le ciel ra - di - eux. Tous ceux qu'il a con - nus, ve - nus,____
Un - der ra - diant skies, And all who loved him dear - ly here,____

poco rit.

____ Lui font de longs a - dieux._____
____ Pro - long the long good - byes._____

poco rit.

a tempo

Mandoline

Paul Verlaine
English words by Marion Farquhar

Gabriel Fauré, Op. 58, No. 1

Les don - neurs _____ de sé - ré - na _____ - des
Gal - lants fond - - ly ser - e - nad - - ing

Et les bel - - les é - cou - teu - - ses E -
And their la - - dies all __ at ease, _____ Ex -

chan-gent des pro-pos fa - des, Sous les ra-mu - res chan -
change ro - man - tic pat - ter, Be - neath the sing - - - ing

teu - - - - - ses.
trees.

C'est Tir - cis _____ et c'est __ A - min - - - te,
Here, Tir - cis* _____ and here, __ A - min - - - te,†

Et c'est l'é - ter - nel Cli - tan - dre, _____ Et c'est Da -
And e - ter - nal Cli - tan - dra, _____ And there, Da -

*Tir-cees
† A-man-ta

mis qui, pour main - te cru - el - le, _____ Fit maint vers
mis,* who re - peats to the cru - el, _____ po - et - ic

ten - - - - dre, _____
sweets. _____

Leurs cour-tes ves-tes de soie, Leurs lon - gues ro-bes à queues,
Short vests of sil-ken bro-cade, Long gowns that trail in the dew,

Leur é - lé - gan-ce, leur joie _____ Et leurs mol - les
Joy and their el - e-gance rare _____ And their shad - ows

*Da-mees

om - - bres bleues_____ Tour - bil - lon - nent dans l'ex -
soft and blue_____ Whirl - ing in the mood en -

ta - se D'u - ne lu - ne rose et gri - se,
rap - tured of a ro - sy moon and grey,

Et la man - do - li - ne ja - se Par - mi les fris - sons de
And the man - do - lins, a - chat - ter, on the trem - bling breez - es

bri - - se. Les don - neurs_____ de sé - ré -
play. Gal - lants fond - - ly ser - e -

na - des / nad - - ing
Et les bel - les é - cou- / And their la - - dies all__ at

teu - ses_____ / ease,_____
E - chan - gent_____ des pro- pos / Ex - change_____ ro- man- tic

fa - des, / pat - ter,
Sous les ra- mu - - res chan- / Be - neath the sing - - - ing

teu - - - ses. / trees._____

En Sourdine
Muted

Paul Verlaine
English words by Marion Farquhar

Gabriel Fauré, Op. 58, No. 2

et des ar - bou - siers.
and ar - bu - tus trees.

legato sempre *dolcissimo*

℘ed. ℘ed. ℘ed. ℘ed.

dolcissimo *pp*

Fer - me tes yeux _____ à de - mi, _____
Half close your eyes _____ and be still, _____

℘ed. ✽ ℘ed. ℘ed.

pp

Croi - se tes bras _____ sur ton sein, _____
Fold peace-ful arms _____ on your breast, _____

℘ed. ✽ ℘ed.

mf

Et de ton coeur en - dor - mi Chas - se à ja -
And from your sleep - ing heart, Ban - ish for

mf

℘ed. ℘ed. ℘ed. ℘ed.

mais tout des - sein.
good all de - sign.

Lais - - sons-nous per - su - a - der_____ Au
Let us be per - suad - ed_____ By

souf - fle ber - ceur et doux Qui
soft - ly ca - ress - ing breath That

vient à tes pieds ri - der Les on - des des
comes to your feet to sway The waves of the

ga - zons roux._____
ro - sy grass._____

f espressivo

Et quand, so - len - nel, le soir____ Des
And then, we shall hear, when night____ from

chê - nes noirs tom - be - ra,
som - ber oak____ is fall - - ing,

espressivo

sempre f

Voix de no - tre dé - ses - poir,
Love - ly voice of our de - spair,

Le   ros - si - gnol
The   night - in - gale,

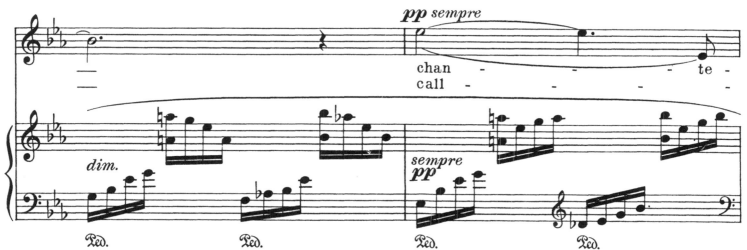

chan - - - - te -
call - - - - ing

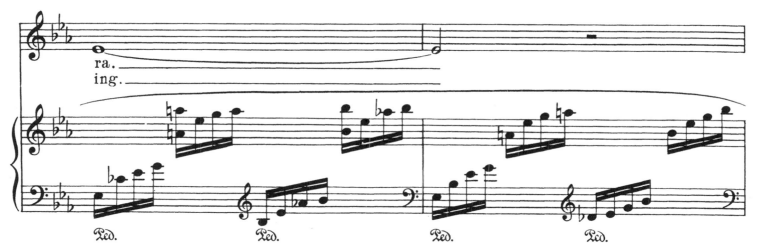

ra.
ing.

Green

Paul Verlaine
English words by Marion Farquhar

Gabriel Fauré, Op. 58, No. 3

blan - ches, Et qu'à vos yeux si beaux, l'hum - ble pré -
slen - der, And in your love - ly eyes, may these small

sent soit doux. J'ar - ri - ve tout cou -
gifts be sweet. I come all cov-ered

vert en - co - re de ro - sé - e, Que le
yet with dew of ear-ly morn - ing, That the

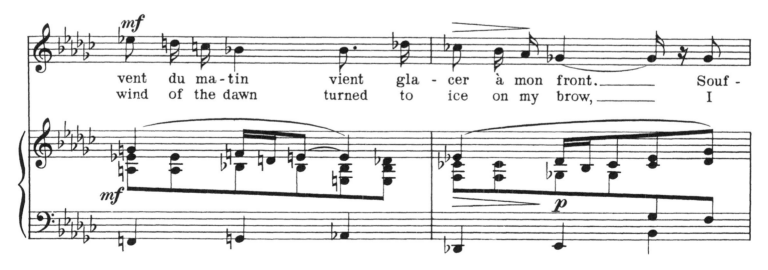

vent du ma-tin vient gla - cer à mon front. Souf -
wind of the dawn turned to ice on my brow, I

C'est l'extase...

This is ecstasy

Paul Verlaine
English words by Marion Farquhar

Gabriel Fauré, Op.58, No.5

Cette â - - me qui se la-men - - te ___
This long - - ing spir-it, la-ment - - ing, ___

Et cet-te plain - - te dor-man -
This sleep-ing sor - - row, la-ment -

- te, C'est la nô - tre, n'est - ce
- ing, Is our own, ___ do you

pas? La mien - ne, dis, et la
know? Is mine, ___ yes, and ___ la

Prison

Paul Verlaine
English words by Marion Farquhar

Gabriel Fauré, Op. 83, No. 1

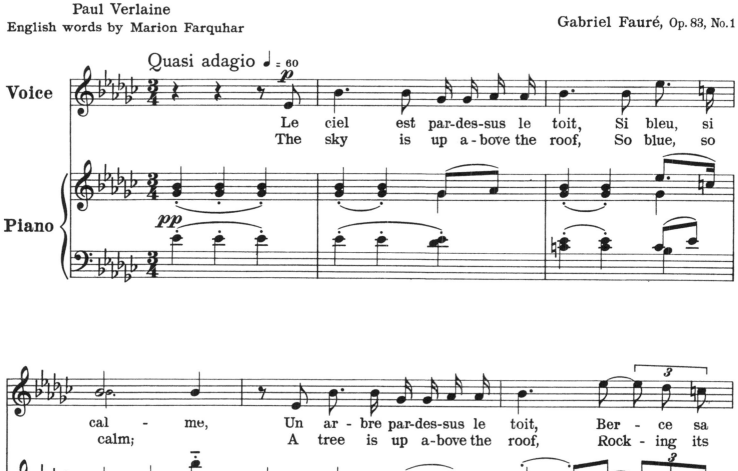

Le ciel est par-des-sus le toit, Si bleu, si
The sky is up a-bove the roof, So blue, so

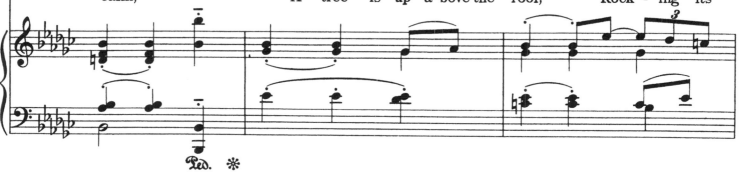

cal - me, Un ar - bre par-des-sus le toit, Ber - ce sa
calm; A tree is up a-bove the roof, Rock - ing its

pal - me; La clo - che dans le ciel qu'on voit Dou - ce - ment
palm; The bell you see a-gainst the sky, Sweet-ly is

110

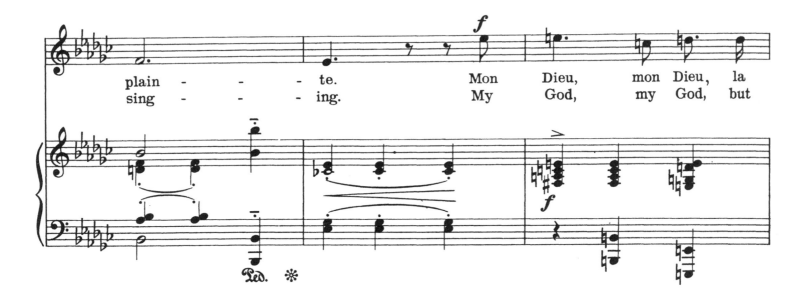

là   Vient   de   la   vil - le.   Qu'as-tu fait, ô   toi   que voi-
air   Come   from the   vil - lage.   You who weep, O   you   who are

là,   Pleu-rant sans ces - se,   Dis,   qu'as-tu   fait,   toi __
there,   What is   the   truth? ____   What   have you   done,   you __

__ que voi-là, _____   De   ta   jeu - nes - se? ____
__ who are there, _____   With all   your   youth? _____

Soir
Evening

Albert Samain
English words by Marion Farquhar

Gabriel Fauré, Op. 83, No. 2

le der-nier ra-yon a-go-nise à tes ba - gues, _____ Ma
last ex-pir-ing rays are a-flame in your jew - els. _____ My

sœur, en-tends-tu pas _____ quel-que cho - se mou-
own, do you not hear _____ some-thing dies in this

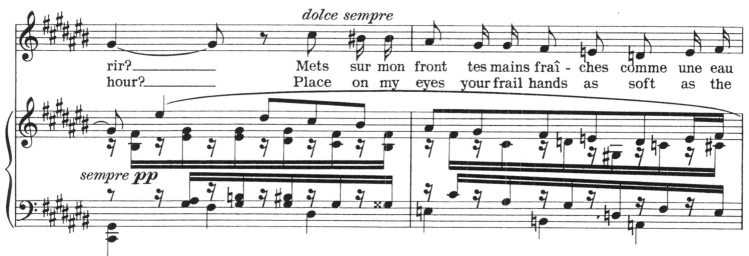

dolce sempre

rir? _____ Mets sur mon front tes mains fraî - ches comme une eau
hour? _____ Place on my eyes your frail hands as soft as the

sempre pp

pu - re, Mets sur mes yeux tes mains dou - ces com - me des
blos - soms, Place on my brow your dear hands as cool as the

fleurs,_____ Et que mon âme où vit le goût se-cret des
dew,_____ And may my soul, where lives the se-cret taste of

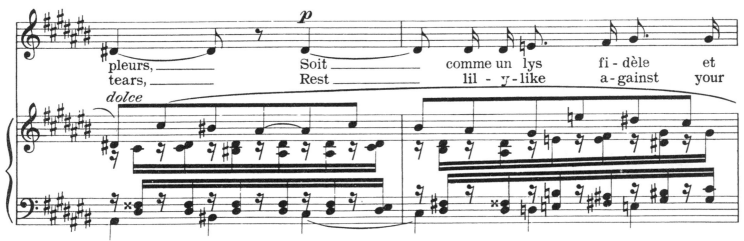

pleurs,_____ Soit_____ comme un lys fi-dèle et
tears,_____ Rest_____ lil-y-like a-gainst your

pâle à ta cein-tu---re!_____
heart, pal-lid and true!_____

C'est la pi-tié qui pose ain-si son doigt sur
Thus to our lives com-pas-sion comes with grace re-

nous,_____ Et tout ce que la terre a de sou-pirs qui mon - tent, Il
plete,_____ And ev-'ry-thing the earth sighs for, in pray'r up - ris - ing, Is

sem - ble, qu'à mon coeur en - i - vré, le ra - con - tent Tes
mir - rored, so it seems, in your eyes, my be - lov - ed, Your

yeux le - vés au ciel,_____ si tris - - tes_____
eyes raised up to heav'n,_____ so mourn - - ful_____

___ et si doux!_____
___ and so sweet._____